너도 꽃

우정숙 시조집

이 도서의 국립중앙도서관 출판예정도서목록(CIP)은 서지정보유통지원시스템 홈페이지(http://seoji.nl.go.kr)와 국가자료공동목록시스템(http://www.nl.go.kr/kolisnet)에서 이용하실 수 있습니다.(CIP제어번호: CIP2016028211)

너도 꽃

지은이 · 우정숙
펴낸이 · 민병도
펴낸곳 · 목언예원

초판 인쇄 : 2016년 11월 25일
초판 발행 : 2016년 11월 30일

목언예원
출판등록 : 2003년 2월 28일 제8호
경북 청도군 금천면 선바위길 53 (신지2리 390-2)
전화 : 054-371-3544 (팩스겸용)
E-mail : mbdo@daum.net

ISBN 978-89-94733-50-0 03810

본 도서는 2016년 대구문화재단 문화예술진흥사업 지원으로 발간 되었습니다.

대구문화재단 한국문화예술위원회

가격 : 10,000원

너도 꽃

우정숙 시조집

목언예원

■ 시인의 말

덜 여문 시조가락
다듬고 다듬어서

중심잡고 두 손 모아
붓대를 휘둘러봐도

번번이
러프에 갇혀
헤어나지 못할 뿐

공들인 시간만큼
초심의 촉 곧게 세워

저 푸른 하늘 향해
명쾌한 나이스 샷

휘이익
날리고 싶다
시인이 되고 싶다

2016년 늦은가을
우 정 숙

CONTENTS

너도 꽃

— 우정숙 시조집

01 비움도 젖을 무렵

대금

오십 줄 내 등뼈에 구멍 숭숭 뚫렸다
어쩌면 그 속에도 가락 하나 잡힐까
뜨거운 입김을 불어 허공으로 뱉는다

칼날 같은 시선들을 들숨으로 삭혀내고
만 중 삭, 흐름 따라 고도를 높여가면
내 안의 숨었던 시름 추임새로 풀린다

한순간 빗나갔던 비음도 젖을 무렵
그 옛날 떨며 더듬던 붉은 입술 언저리
그윽이 깊어만 간다, 달빛도 기웃댄다

초승
–대금 · 2

시린 그대 어깨 위로 대마디가 흔들린다
붉은 입술 파르르 서녘으로 기울자
꺾어진 풀잎 헤치고 저문 길을 나선다

희미하던 지난날이 치부를 드러내면
막힌 생각 뚫어주듯 청공이 자지러진다
만삭의 유초신 한바탕* 그날이 언제일까

가다간 배도 띄워 허공에 묶어놓고
모로 누운 산허리에 발도 슬쩍 얹어본다
장승도 춤을 추게 할 둥근 꿈을 꾸면서

*정악대금 전통음악 8곡(상령산, 중령산, 세령산, 가락덜이, 상현도드리, 염불도드리, 타령, 군악)

소리의 맛
–대금 · 3

동글동글 중중모리 싱싱한 열무김치

손끝으로 버물고 혀끝으로 간 보지만

살 녹인 짠맛의 시간, 풀풀 살아 풋내 나는

느낌대로 다듬어 짧게짧게 끊었지만

단맛이 부족한가, 매운맛이 넘치는가

귀로는 아~삼키면서 도대체 낼 수 없는

소리를 던져라
–대금 · 4

입술로 물총 쏘듯
불어라, 휙 던져라

지천명의 가락 위에
사뿐사뿐 춤을 춰라

뻐꾹새
노래를 물고
다시 날아 들 때까지

뜨이어*

–대금 · 5

입 닫고 귀도 닫고 강하나 건너왔다
곁눈질 어깨너머 수전증 앓던 세월
빈속을 적시던 나날, 다시 갈 길 아득하다

두 눈 뜨고 살펴봐도 캄캄한 뜨이어*
갓난아기 모빌 보듯 눈앞에서 뱅뱅 돌다
문지방 거꾸로 넘던 숨 가쁜 대금 소리

목젖이 닻을 내려 넋 놓았던 밤도 삭혀
대마디 덧난 시간 일천 번 꺾어 눌러
마침내 옹이진 가슴 청의소리 돌아든다

*장식음, 구음으로 내는 소리

서리 맞은 개나리
–대금 · 6

흥겨운 자진모리
맺고 끊는 맛도 없이

나 혼자 튀어나가
장단을 넘나든다

잘 가다 너도 나처럼
2분박을 놓쳤구나

좀도리 음악회
–대금 · 7

팔공산 천년 고택 동주 산방 찻집에서
푹푹 찌는 삼복더위 배경으로 깔린 대낮
허기진 바람을 불러 대마디를 뚫는다

점막 주름 펴가며 한 톨 한 음 모은 소리
막히고 꺾일 때마다 떨며 우는 쉰 소리
잔잔한 연못 속에선 아라 홍련 꽃 피운다

네 안에 갇혀 울던 대쪽 같은 흥을 몰고
천지를 순회하며 가락이 깊어질 때
삽다리 지나던 낮달, 물에 풍덩 빠진다

난 아직 박치다
—대금 · 8

짧은 박 길게 불고 긴 박은 짧게 부는
생각 따로 마음 따로 청개구리 엇박자
빠르게 염불도드리 늘어진 태엽이다

애살 많은 닥불* 선생 박자 개념 달인이다
삐걱대는 녹슨 시간 무디게 이끌고서
되심어 꼬집어 주며 핏대 세워 무릎 친다

제 몫만큼 밀어야 할 그 순간 잘라먹고
날마다 작곡 편곡 내 박자는 내 안에 있어
숨 가쁜 도둑 숨마저 쉬지 않고 생략이다

엉거주춤 한발 빼고 딴청 피우던 그 세월
송곳 같은 대바람도 조바심에 엉켜 울고
난 아직 매서운 가락, 회초리가 따갑다

*닥치는 대로 불자라는 뜻으로, 본명 대신 부르는 대금 동인의 닉네임.

눈물

꼭꼭 눌러 써내려간
내 안의 비밀문서

그믐달 몰래오면
가끔씩 꺼내본다

눈으로
줄줄 읽다가
누가 볼까 얼른 덮는

연蓮
—월지에서

별 보다 먼저 와서 먹을 가는 손이 있다
뻘 속에 갇힌 생각, 아픈 꿈을 헹구면서
이 밤도 빈 배에 올라 조바심에 목이 타는

달빛은 수면 아래 돌기둥을 세워두고
흩어진 문장들을 연잎 위에 불러 모아
한사코 미끄러지는 그리움을 다잡는다

타다 남은 무명 심지 가까스로 뽑아 올려
젖지 않는 기다림을 딸꾹질로 재우다가
마침내 절명시詩 한 줄 바람결에 흩는다

발자국
–권정생 살던 집에서

작은 돌 틈 풀꽃처럼
종탑 끝의 구름처럼

빌뱅이 언덕 아래
작은 거인 살고 있다

고무신
꿰매 신고도
온 세상 걷고 있는

빈집

회오리바람 등쌀에 문패는 돌아앉고
삽살개 발자국만 소복이 쌓인 꽃밭에
어머니 장미 한 송이 문고리를 잡고 있다

천지모를 기다림에 치맛자락 끌며 오던
검붉은 가시넝쿨 고된 길 건너오셨나
피붙이 떠나간 자리, 향기 가득 남았다

날마다 총총한 눈빛 언제나 돌아올까
막내딸 인기척에 맨발로 뛰어나와
화들짝 붉은 미소가 장지밖에 걸린다

호박꽃

너도 꽃이냐며
남들이 비웃을 때

꽃이라고 우긴 적도
아니라 한 적도 없다

묻어둔
서러움 위로
해를 문 너털웃음

무청

한 시절 도란도란 허기채운 두레밥상도
다 지워진 들녘에 뿔뿔이 흩어지고
따끈한 어머니 된장국, 여린 순이 푸르다

때늦은 가을걷이 햇살이고 늘쳐진 채
찬서리 이불 삼아 또 한생 돌아본다
꿈꾸던 산천을 넘어 아려오는 먼 기억

담벼락 처마 밑에 옹기종기 매달려서
어머니 손길 따라 엮어가던 그 긴 겨울
야윈 몸 고개 떨구는 기다림이 웅숭깊다

침묵의 시
–열차 안에서

덜커덩 내려앉는 요란한 바퀴 소리

남은 길 삐걱 삐걱 어디쯤 가고 있나

쉼 없이 제 울음 깎아 또 하루 굴러간다

맞물려 모퉁이 돌아 욱신욱신 절며 온 길

나 모르게 감고 풀다 평행선 이탈해도

역방향 녹이 쓴 등뼈, 가만히 금이 간다

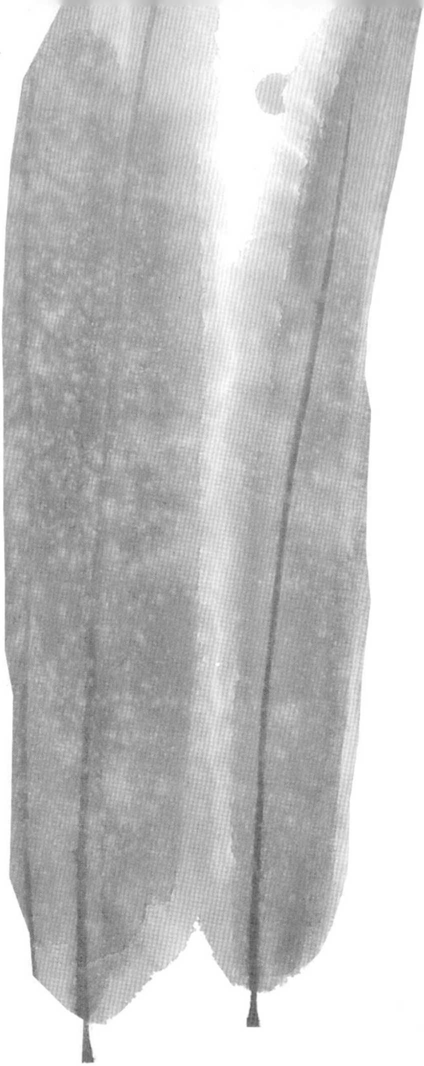

02 목련 꽃잎 돗자리에

오후 두시

삶은 감자 호호 불며
홀로 앉은 6인 식탁

나만이 텃새였나,
둥지가 적막강산

그나마
이웃 같은 매미
불바가지 끼얹는다

새벽, 대비사

새소리 바람소리 묵언 중인 새벽 산사
귀뚜라미 눈 비비며 철야기도 한창인데
대웅전 용마루 위로 승천하는 굴뚝연기

억산 품은 독경소리 단청 아래 돌아들고
천년을 못다 채운 이무기의 탄식마저
이슬의 무게만큼씩 희미하게 젖는다

어둠 찢던 풀벌레도 기도하던 나무들도
사리탑 적벽 아래 전설인 듯 앉는 시간
마침내 아침노을이 산의 미소 불러온다

찔레꽃 연가

1
천사표 하얀 꽃잎 그리움에 목이 타나

황톳물에 번져오는 수줍은 저 미소가

어머니 모시옷처럼 눈부시게 환하다

2
못다 맨 자갈밭을 한 짐 지고 걸어오시는

어머니 처진 어깨에 향기 꺾어 받치던 날

꽃보다 환한 얼굴이 저물녘, 달로 떴다

산수유

배내 옷 입은 아가
꽃샘추위 온 줄 몰라

팔 다리 바둥바둥
노란 싸개 차내놓고

오 오 오
쏙 내민 입술,
오들오들 감기 들라

유등 연못

높새바람 등에 업고 고향인 듯 찾아가네
어둑어둑 고요한 정적 흔들리다 더 환한
들머리 찻집에 앉아 둥근 속을 가만 보네

누군들 닫힌 문 열면 상처 하나 없겠냐만
물밑에 가라앉은 지난날의 아픔마저
연잎은 어둠을 받들어 소리 없이 덮어주네

누구를 탓하리오, 진흙 속 뻗은 뿌리
진초록 웃음 뒤로 반만 피운 꽃대궁이
그 세월 바람에 휠 뿐 꺾일 수는 없었네

병산서원에서

초심을 꼬드기며
생각의 날 세워본다

유생들 글 읽는 소리
이명耳鳴처럼 들리지만

만대루
걸린 낮달은
차마 읽지 못했다

공원 스케치

주택가 외진 곳에 축 늘어진 놀이기구
고사리 손 지문도 없이 녹물 벤 시소 위에
파르르 연초록 그림자 바람개비로 떨고 있다

알록달록 새 단장에 그리움을 덧칠해도
장난감 뒹구는 소리 온데간데 희미하다
끊어진 아이들 웃음, 흉내내며 앉는 바람

등 굽은 할머니들 눈꺼풀 처진 오후
떨어져 포개 앉은 목련 꽃잎 돗자리에
허기진 은빛 고양이만 깜박깜박 졸고 있다

신수도

고사리손 흔들면서
혹여나 찾아올까

해풍에 생살 깎아
파랑도 잠재웠다

섬마을
미완성의 봄
아버지의 늑골 같은

권정생 살던 집에서

새소리로 울타리 친 삽짝을 들어서면
발밑에서 일편단심 시를 쓰는 민들레
웃자란 잡풀 틈새로 노랗게 웃고 있다

한평생 분신이던 피고름을 닦다 말고
침 묻은 몽당연필, 댓돌 위에 피는 문장
누옥의 주름진 영혼 풀꽃으로 잠이 든다

그물에도 걸리지 않는 구름언덕 넘볼 때
내 안의 한 톨 생각 그것이 길이라며
맨손의 새벽 종소리, 별을 불러 귀띔한다

첫날
–백련암에서

생각도 멀어지면
향기마저 소리로 오나

깨치면 들린다는
참 고요한 외딴 절간

가슴에
내리꽂히는
비수 같은 물소리

부인사 돌담 뒤로

한때는 인적 없는 험난한 가시넝쿨
휘어진 나뭇가지 하나 둘 손짓하고
어느새 바람 한 줄기 약손처럼 다가온다

어름 열매 조롱조롱 하늘길 내려오면
고요한 풍경소리 설법처럼 흘러든다
뒤엉킨 내 상처마다 돋아나는 풀꽃들

태산목

그대는 나무에 핀
순백의 연꽃이다

물 없는 허공으로
말의 향기 뿜어대며

하늘만 받들고 있다
장엄한 합장으로

말간 휴식

양지쪽에 엎어둔
단지위에 앉는다

허기진 생각 한 톨
잡았다가 놓친 사이

비워도
배부른 까닭
어렴풋이 짚는다

길섶에 핀 딱지 꽃

6 · 25 참전용사
아버지의 칠십 년

쫓겨 가던 피난길에
잃어버린 두 아들

생이별
그리움 앞에
손 내밀고 서 있다

03

그믐 같은 건망증

이팝꽃, 봄

장작불이 활활 핀다
가마솥이 들끓는다

물 잘 맞춰 갓 지은
고슬고슬한 흰 쌀밥

허기진
바람이 몰려와
온 종일 퍼 나른다

군고구마

단단한 응어리가 몰랑몰랑 익을 때까지
뜨거워도 참으리라 둥글둥글 견디리라
한길 맘 푹푹 찔려도 두려워 않으리라

속으로 감싸 안고 은빛 붕대 풀 때까지
노랗게 질식하듯 숨이 턱턱 막혀 와도
삼킨다, 내쉬던 한숨 명치끝 달래리라

바랭이 풀

달아오른 시멘트 바닥
갈라진 틈 사이로

가까스로 핏대 세워
시위하듯 뻗어가던,

함부로
던져진 삶이
바람 되레 타이른다

풀꽃이 쓰는 시

비로드* 잔디 틈에 꿈을 닦는 널 본다

바람만 스쳐가도 제풀에 꺾이고 마는

겉도는 숭숭한 생각, 접었다가 폈다가

지나가던 먹구름의 말추렴도 시가 될까

햇살의 방향 따라 고개 숙여 밑줄 긋고

때로는 구겨버린 생각, 곱게 펴서 읽는다

*비로드 잔디 : 골프장 페어웨이에 주로사용. 질감이 벨벳처럼 부드러운 한국잔디중 하나.

선명한 진실

파란 하늘일수록
낮달은 더 선명해요

먹물 같은 밤이면
별빛 더 선명해요

언제나
눈물에 비친
그대 진심 선명해요

나이스 샷!

온통 푸른 세상이
안으로 빨려든다

단 몇 초의 순간에도
지친 생각 깨워 놓고

꿈같은
절명시 한 줄,
허공으로 외는 주문

병원 투어

일곱 치 힐 고집하며 작은 키 숨겨 왔다
도구에 불과한 몸 멋모르고 옮긴 걸음
허술한 관리 탓일까 관절 울음 찌릿하다

적신호 이미 오래, 낡은 핏줄 뻣뻣하다
실밥 끊어진 세월 겉포장만 덧대가며
모른 척 외면하면서 낮추지 못한 자존심

틈만 나면 얇은 귀가 풍문으로 이끌린다
그제야 돌보지 못한 시간을 앞세우며
발등에 불 떨어진 채 절룩이며 드나든다

손금

끊어져 헤매던 길
근심 갈래 뒤엉킨 길

바람과 먹구름 사이
뚫고 나온 햇살 한 올

더러는
잘린 오솔길
돌아가는 날도 있지

먼지를 닦다

고작 한 해 두세 번 거처하는 작은방
창을 열자 틈새마다 먼지가 수북하다
안으로 발들이기 위한 안간힘이 선하다

자꾸만 늘어나는 그믐 같은 건망증
풀풀 나는 생각 따위 말끔히 털어내며
내 안의 쪽방 하나쯤 온전히 비워본다

입양

뿌리 잘린 백련 송이
항아리에 옮겨 놓고

밤낮으로 어루만지며
달 보듯 바라본다

날마다
느린 춤사위
선이 고운 저 유혹

열꽃

마른기침 돋는 가을 은행알을 줍는다
섣불리 맨손으로 속살을 문드린 죄
민낯의 가혹한 형벌 홍역처럼 붉어졌다

지독한 가슴앓이 약물로 달래 보면
울다 지친 아이처럼 스르르 잠들다가
고요가 뜨거워지면 목덜미에 핏발 선다

독이란, 은행에만 있는 것이 아니었다
질투와 시기심에 함부로 뱉은 말이
알알이 두텁던 우정 짓밟혀 뭉개진다

혀끝으로 긁힌 자국 삼일 밤낮 덧난 상처
엎드린 시간 앞에 아픔이 진동해도
그 또한 지나가리라, 엷고 짙은 기억들

달맞이꽃

강물도 수척해진
금빛 모래 하얀 밤

열아홉 꿈, 웃고 울다
달무리를 지우다가

널 보며
가슴앓이 하던
위수강변 그 풋 사랑

그 겨울은 따뜻했다

싸늘한 주먹밥덩이 지게 끝에 매단 채
등골에 맺힌 가난 서리꽃 피워 내며
아버지 청솔갑 한 채 그 겨울 져 날랐다

갱식이 한사발로 허기 채운 그 밤도
고래고래 밀고 들던 칠남매 띠앗머리
달궈진 구들장 밑은 꿈이 절절 끓었다

욕심

저돌성 용숫바람
혀끝에 칼을 물고

소작 땅 옥토 위로
휘몰아쳐 달려든다

아홉을
다 가지고도
못 가진 하나 탐나

둘이서

오늘도 길을 따라 짐차 카페 문 열었다
고향 단북 가는 날은 오붓한 우리 시간
못다 한 어제와 오늘 일상을 풀어본다

서로가 몸 부비며 지켜온 짐 조각과
때 절은 삶의 흔적 너부러진 공구마저
황금빛 들녘을 향해 초대 받아 떠난다

유행가 물려놓고 주고받는 시조 가락
바람소리 가로질러 아스팔트 적시는데
길가에 코스모스는 이미 귀가 환하다

04 새 한 마리 앉히다

외출
카지노의 밤
풀꽃, 법문
도시로 온 피라미
연분홍 풍경
입추
어떤 스냅
초보맘
밤송이
면접
홍련
고향별곡
태풍
봄비
홍두깨

외출

하마 이순, 흔들린다
내 안에 내가 없이

여자의 전성기가
봄날보다 짧다며

진달래
붉은 유혹에
쪽문 밖을 나선다

카지노의 밤

단추 버튼 하나에 이승을 담보 잡아
한 번만 딱 한 번만 파닥이는 눈먼 새여
어쩌랴, 늘어진 죽지뼈 부러진 줄 모르네

봉황의 찬란한 생 눈 멀고 귀도 멀어
새벽이슬 젖은 날개 엉겨 붙은 깃털끼리
곳간을 다 삼키고도 뜬구름만 쫓아가네

손끝에서 혀끝으로 갈기갈기 찢긴 가슴
새끼 품던 둥지마저 말뚝 꽂힌 피멍 자국
함부로 지나온 길이 문신처럼 드러나네

풀꽃, 법문

웬 투정, 힘 안 들고
되는 일 뭐 있더냐

자리 탓 하지 마라
재주 없다 핑계 마라

뿌리째
뽑힐지라도
야무지게 일어서라

도시로 온 피라미

한양 땅 물이 좋다 상경한 이 모 대리
내 진심 어디까지 보여줘야 하나요
혼자만 투명한 알몸, 날마다 들어냅니다

비릿한 사람 냄새 언제쯤 맡아 볼까요
소독한 맑은 물속 숨쉬기가 힘들 때
차라리 황톳물 고인 좁은 개울 그립습니다

연분홍 풍경

봄 햇살 달달한 날
벚꽃 길 건너는데

볼에 묻은 솜사탕
혀로 닦는 젊은 아빠

그 모습
보고 또 본다
꽃보다 환한 3월

입추

가랑비에 흠뻑 젖어 마음마저 축축한 날
안개 속에 몸을 숨긴 물소리에 귀를 열고
연꽃이 피다만 자리, 칠불암에 오른다

가빠오는 숨결 앞에 흔들리는 싸리나무
욕심을 버리듯이 꽃잎을 뜯어내어
궁금한 세상 아래로 한 잎 한 잎 던진다

허공에 발을 딛고 부처 앞에 합장하면
함부로 고개 숙인 내 손이 부끄러워
미움도 부푼 기대도 슬그머니 놓는다

어떤 스냅

경찰관 호위 받아
치과에 온 20대 청년

무슨 죄를 지었길래
두 손 꽁꽁 묶였을꼬

남은 죄
쏙 뽑고 가나
뉘우침을 심고 가나

초보맘

갓 태어난 신생아가 젖빛 같은 포근한 봄날

아려오는 모성애, 가슴 한켠 접어두고

불어 튼 젖가슴 동여매고 천근만근 출근하네

갓 피어난 개나리, 배리한 향기 뿜는 아침

돌봄 엄마 품에 안겨 우는 아기 눈에 밟혀

꽉 낀 힐 서툰 발걸음, 자꾸만 뒤를 보네

밤송이

꾹꾹 누른 스트레스
뾰족뾰족 날이 섰다

날마다 성난 여드름
속이 다 터질 때까지

앙다문
맹서의 속살
단단하게 다진 너

면접

그 흔한 장롱면허, 대학원 박사 학위
한 줄 스펙 준비 없이 높은 문턱 넘본다
열 가지 자격증보다 닳은 지문 내세워

태연한 척 당당한 척 달달 떠는 입술 문다
칼날 같은 첫 질문에 정신이 번쩍 들어
그 이력 끄집어내다 화들짝 집어넣는다

홍련

진흙 속 난민 같은
그 설움 있었건만

그 뿌리 깊게 박고
이 땅을 수호하듯

꼿꼿이
깃발을 흔든다
붉은 함성 드높다

고향별곡

"서 마지기 한 때기 두 마지기 두 때기"
"한 마지기 세 때기 두 마지기 두 때기"
수년째 손바닥만 한 땅 두 만수가 짓고 있네

한 필지 반듯한 땅 욕심 한번 못 부린 채
길도 없이 오롯이 갇혀 이웃 논을 흘겨보는
그 땅만 내내 붙잡은 무지랭이 둘 있었네

의리에 죽고 사는 점방 집 강패 할배
늘푼수 없는 농사일에 오늘도 잔소리다
"연재리 트랙트 없는 건 반 씨 한 씨 뿐인기라"

태풍

볼라벤, 그해 8월 청소하듯 쓸어갔다
뿌리 째 뽑힌 나무, 종이처럼 나는 간판
잠재울 그 무지갯빛 가늠하기 힘들었다

내 불혹의 천둥번개 긴 칼날 내리 긋던
가슴을 할퀴고 간 어지러운 상처자국
가끔씩 볕이 쨍한 날, 전설처럼 붉어진다

봄비

아기가 칭얼댄다
밤낮이 바뀌었나

엉덩이 토닥토닥
자장가 불러주면

잠들다
배시시 웃다
포동포동 살 붙는 밤

홍두깨

때론 곰, 때론 여우, 가슴에 품은 남자

묵직한 뚝심 하나 미는 대로 구르지만

단단한 물박달나무, 새 한 마리 앉힌다

뚱하게 뭉쳐 있는 그녀의 소갈딱지

살가운 말 한마디에 반지르르 펴진다

날마다 훤한 보름달 가슴에 띄우는 남자

05

검버섯 환한 엄마

목련 지듯이
두 손가락
귀뚜라미
쪽빛, 모시옷
두릅
강정을 만들며
별꽃
꽃터널
설앵초
볶은 땅콩
인터넷 엄마
제비꽃
꿈에
길
어미의 기도
시조時調

목련 지듯이

마디마디 갈라진 손
흰 반창고 친친 감고

달빛 아래 빌고 빌던
검버섯 환한 엄마

바람에
목련 지듯이
뚝 뚝 뚝 지고 없네

두 손가락
–아버지의 무공훈장

햇살이 기웃대도 반기는 건 거미줄 뿐
아버지의 빈방에는 손 그림자 찍혀있다
칠십 년 세월을 업은 기우뚱한 길과 함께

풀 한 포기 남지 않던 혈투의 백마고지
찢기고 밟힌 상처 달빛 감아 아문 시간
빼앗긴 검지와 중지 훈장으로 돌아왔다

끝끝내 다 받치지 못한 부끄러운 소명인 양
독백의 날개 달고 안으로 새긴 핏자국,
서랍 속 살아 숨 쉬는 주인 잃은 별이 됐다

귀뚜라미

지난 기억 일으킨다
얼룩진 첫 편지글

쉬었다 이어가며
찌릇찌릇 뱉다 삼킨

군대 간
아들 놈 밟혀
떨며 읽는 혀끝소리

쪽빛, 모시옷

한여름 뙤약볕에 등짐 부린 아버지
축 처진 무명 적삼 풀물이 시퍼렇다
그나마 찬물 한 사발로 땀방울을 식힌다

온기마저 앗아간 쾌쾌한 방 모서리
때 묻은 낡은 장롱에 쟁여둔 모시 한 벌
싸늘한 이승을 뒤로 끝내 입어 보지 못했다

차마 태우지 못한 그 이름 움켜쥐고
한 땀 한 땀 다시 깁는 뉘우침 저 빈자리
속울음 그리움에 삭혀 쪽빛으로 물들인다

한줌 모시 흠뻑 젖어 빨랫줄에 펄럭일 때
잔나비 날아든다, 아버지 다녀가신다
살갑던 사위 몸 빌려 죽어 백 년 입겠다며

두릅

기를 쓰던 딸래미가
넘어선 대기업 문턱

쌉싸름한 시선들을
왜 삭히지 못 하나

혀끝에
가시가 숭숭,
밤마다 쓰는 사표

강정을 만들며

일고 씻고 볶고 튀겨 강정을 만들다 보면
토닥토닥 참깨 속이 한껏 부풀어 오른다
첫사랑 그 충격 같이 몽글몽글 녹녹하다

한때는 후끈 달아 사금파리 끓던 가슴
고소한 말 한마디 달콤하게 받아 안고
둥글게 시간을 녹여 속심 없이 버무린다

뜨겁던 마음과 마음 부서지고 떨어지다
끈끈한 믿음으로 오늘을 사는 당신과 나
홍두깨 밀고 당기며 조각 꿈 다져간다

별꽃

갓 태어난 내 손녀
손등에 핀 솜털 같은

가만 보면 별을 닮은
주먹 꼭 쥔 다섯 손가락

나비야
뒤꿈치 들어라
꿈꾸는 단잠 앞에

꽃터널

개똥밭에 굴러도 이승이 낫다시더니
어머니 링거 감은 채 세상 소풍 끝내던 날
정월달 구미병원 영안실, 때 아닌 환한 봄길

이보다 아름다운 길 살아생전 있었던가
산 자들의 이름표 신장神將처럼 세워두고
꽃잠속 못 다본 핏줄 어렴풋이 그리시나

곡성도 희미해진 울고 웃던 시간 속에
움켜쥔 생 허물 벗듯 하얀 모시 날개 달고
한 마리 나비가 나네, 흰 구름도 비켜서네

설앵초
–광저우에 사는 딸

첩첩의 네 어리광 받아줄 흙 한줌 없는
그 절벽 바위틈에 실기둥 뽑아 올려
보랏빛 설익은 마음 바람에 흔들린다

겁도 없던 그해 11월, 아주 당찬 다짐으로
수능치고 열흘 만에 넓은 바다 건너갔다
지 홀로 큰 등짐 지고 첫발을 내딛던 태산

견뎌낸 시간만큼 땀방울도 쌓였는지
붉어진 노을 쪽으로 서두르는 하산의 꿈
엄마 품 헤집는 눈물, 그리움의 벼랑이다

볶은 땅콩

집 걱정 학비 걱정
휘청이던 둥지였다

재잘 대던 꾀꼬리들
짝 찾아 떠나가고

썰렁한
한 지붕 아래
이웃처럼 사는 부부

인터넷 엄마

애타게 기다리다 품에 안은 아기 천사
민들레 홀씨처럼 후 불면 날아갈까
몰랑한 빨간 보리수 꼭 잡으면 터질까

젖 먹는 시간과 양, 1분 1㎖ 허용은 없다
조금 보채도 조금 토해도 무른 변이 잦아도
검색창 클릭해대는 엄마 된 딸, 내 사위

친정엄마 노하우, 못 다 건널 긴 강일 뿐
딸 낳은 딸을 보며 불효한 나를 본다
품 안의 자식이란 말, 뼛속 깊이 저리다

제비꽃

엄마를 기다리나
담 밑에 선 어린남매

산그늘 깊은 저녁
레고 안고 올 것 같은

힘없이
처진 눈꺼풀,
찔끔찔끔 젖고 있다

꿈에

황토벽 친정집에 구들장마저 싸늘하다
사진 속 그 미소가 멈춰버린 새벽 4시
홑적삼 찬바람이고 말쑥이 오신 아버지

마을 모리 천수답, 성근 낱알 훑어 모아
칠 남매 둘러앉아 조 한 톨 섬기던 가을
아뿔싸, 구월 초닷새 당신 생신 지나쳤다

“개안타 다 개안 타” 손사래가 아프다
이승 저승 경계 없는 어둠 속 환한 사랑
밤새워 물꼬를 트던 그 별빛이 초롱하다

길

죽은 줄만 알았다, 어깨 잘린 매실나무
젖니가 돋으려나 가지 끝이 간지럽다
실바람 온몸에 감고 저린 발을 풀고 있다

몇 알의 꿈조차도 떨궈 버린 지난 시간
온전히 못다 비운 아픔이 되살아와
옹이로 푹 패인 살갗 봄볕에 닦고 있다

부끄러운 지난 일도 구겨두지 않으리라
쥐꼬리 근심들이 곤두박힌 울타리 뚫고
또다시 생이 부푼다, 옹알이가 시작된다

어미의 기도

–아들의 결혼에 부치는 시

또래보다 작은 키에 바가지머리 찰랑이며
야구공 좇던 아들이 어느새 훌쩍 커서
어여쁜 여인을 맞아 지아비가 되려합니다

유난히 고운 마음 별빛 같은 눈망울로
4대독자 슬하에서 귀하고 귀한 맏딸이
진실한 남자를 맞아 지어미가 되려합니다

하늘 아래 땅 위에 오순도순 정을 쌓아
자신을 오롯이 태워 어둠 밝히는 촛불처럼
둘만의 뜨거운 믿음, 온전히 지켜내길…

눈물밭은 참고 가꾸고 웃음밭은 이랑 지어
돈으로 살 수 없는 행복 만 근 씨앗 뿌려
둘만의 연둣빛 소망, 가슴에 늘 푸르길…

불같던 마음들도 때로는 싸늘히 식어
얼음보다 더 차갑게 느낄 때도 있겠지만
둘만의 아름다운 사랑, 꼭 품어 얼지 않길…

금쪽같은 내 새끼들 둘이서 하나 되어
믿음, 소망, 사랑으로 내딛는 발자국마다
온 세상 따스한 빛살 환하게 비춰주길…

시조時調

달 지고 날 밝도록
뜬눈으로 지샌 나날

시퍼런 대숲 지나
등뼈에 놓인 가락

내 삶의
맨 앞자리에
공손하게 앉힙니다

작품해설 06

답이 없는 질문과
질문 없는 대답 사이

/민병도

답이 없는 질문과 질문 없는 대답 사이

민 병 도 | 시인, 한국시조시인협회 이사장

1

새삼 '왜 시를 쓰는가?'라는 물음 앞에 서본다. 허기진 배를 채워줄 빵이 되거나 으스댈만한 명예를 가져다주는 것도 아닌데 왜 시를 쓰는 것일까. 많은 시간을 투자하여 쓰고 지우고 찢기를 반복하는 비능률적인 노동임을 경험하면서도 왜 포기하지 못하고 또 다시 밤을 새우는가. 어렵사리 완성한 작품을 발표해놓고 악덕 고리대금업자처럼 공연히 폭리라도 취할 기대심리에 애를 태우는 까닭은 또 무슨 경우인가. 판판이 독자들의 외면과 무시를 체험하면서도 다시 또 펜을 들게 하는 시의 힘은 어디에 있는가.

아무래도 그것은 자신이 나아갈 마음의 길 닦기에 있지 않을까 싶다. 아무도 가지 않은 들판일지라도 사람들이 자꾸만 지나다니면 길이 생기듯 아직은 자신이 가보지 못한 마음의 거친 들판에 호미질하고 삽질하여 만드는 길 닦기이기 때문일 것이다. 처음에는 바위나 가시덤불 같은 장애물에 가로막혀 힘겨운 발걸음이겠지만 노동이 쌓이는 만큼 차츰차츰 드러나는 자신만의 새 길의 편리함과 익숙함을 외면하지 못하리

라. 그리하여 자신만이 아는 길 하나를 지닌다고 생각해보라. 어디 그 성취감이야 한 조각의 빵에 비유할 것이며 새물 든는 옷 한 벌에 견줄 것인가.

아무도 가지 않는 자신만의 길, 거기에는 향기로운 꽃들이 필 것이고 거기에는 맑은 냇물이 흐를 것이고 거기에는 어둠을 태우는 별이 빛날 것이다. 남들이 닦아준 낯익은 길의 체증이 아니라 낯선 길의 풋풋함에 빨려 들어가 하염없이 걷고 또 걸으리라. 그리곤 답이 없는 질문과 질문 없는 대답 사이에서 아무도 묻지 않은 자신만의 대답을 하게 되리라.

결코 쉽지 않은 선택과 과정이었으리라 짐작되는 우정숙의 첫 시집도 이 같은 '마음의 길 닦기'의 산물이 아닐까 생각된다. 남이 닦아준 길로 다닐 때보다 늘 손에 피가 흐르는 고통을 감내하면서 얻어낸 자신의 길로 다니게 된 우 시인의 달라진 표정이 자못 궁금하다.

2

우정숙의 첫 시조집『너도 꽃』에는 자신의 길 닦기에서 만난 갖가지 장면들이 제각기 다른 모습들로 소개되고 있다. '자신의 길 닦기'라는 전제를 붙였을 때 이미 거기에는 자기모색 또는 자아실현이라는 형이상학적 의미가 함유되어 있다. 생명체로서의 본능적 삶이 아니라 이상적 가치구현을 목표로 하는 거듭나기가 전제되어 있는 것이다. 물론 이 때의 거듭나기 모습들은 환경에 따라 다르고 시간에 따라 다르기 마련이다. 또한 자신의 실천의지와 준비상태에 따라 각기 다양한 양태로 전개될 것이다. 분명한 것은 이러한 이상에 대한 접근이야말로 인간만이 누릴 수 있는 선택적 특권이다.

이번 시집의 첫머리에서부터 우정숙이 어떤 수단으로 자아를 찾아가고 있는지를 알게 해주는 작품들로 구성되어 있다.

오십 줄 내 등뼈에 구멍 숭숭 뚫렸다
어쩌면 그 속에도 가락 하나 잡힐까
뜨거운 입김을 불어 허공으로 뱉는다

칼날 같은 시선들을 들숨으로 삭혀내고
만 중 삭, 흐름 따라 고도를 높여가면
내 안의 숨었던 시름 추임새로 풀린다

한순간 빗나갔던 비음도 젖을 무렵
그 옛날 떨며 더듬던 붉은 입술 언저리
그윽이 깊어만 간다, 달빛도 기웃댄다

—「대금」 전문

대금을 불면서 자신의 삶이 놓인 좌표를 확인하고 어

떻게 교정하여 품격을 높일 것인가 하는 사색이 잔잔히 녹아 있는 작품이다. 첫 수에서 유추할 수 있듯 '오십 줄 내 등뼈에 구멍 숭숭 뚫'린 시적 화자는 시인 자신이다. 어쩌면 돌이킬 수 없는 그 나이에 '가락 하나 잡힐까' 싶어 '뜨거운 입김을 불어 허공으로 뱉는' 자신과 만난다.

그리고는 저 나이에 무슨 가당치도 않은 도전이냐며 비웃음 치는 '칼날 같은 시선들을 들숨으로 삭혀내고/ 만 중 삭, 흐름 따라 고도를 높여가면/ 내 안의 숨었던 시름'들이 저도 모르게 '추임새로 풀'리는 자신의 시간과 만나는 것이다. 그야말로 자아의 발견이며 확장의 장면이다. 그리곤 자아에 몰입되어 '그 옛날 떨며 더듬던 붉은 입술 언저리/ 그윽이 깊어'가도 '달빛도 기웃'대는 경지를 상상해낸다. 이 상상력의 끝에 놓인 목적지를 향해 그는 지금 시어의 길 닦기를 선택하고 있는 것이다.

대금이라는 소재를 택하고 제목으로 올렸지만 대금 자체의 정체성이 아니라 여기서는 대금을 수단으로 시적 자아를 극복해가는 자기진단에 초점을 맞추었다.

시린 그대 어깨 위로 대마디가 흔들린다
붉은 입술 파르르 서녘으로 기울자
꺾어진 풀잎 헤치고 저문 길을 나선다

희미하던 지난날이 치부를 드러내면
막힌 생각 뚫어주듯 청공이 자지러진다
만삭의 유초신 한바탕* 그날이 언제일까

가다간 배도 띄워 허공에 묶어놓고
모로 누운 산허리에 발도 슬쩍 얹어본다
장승도 춤을 추게 할 둥근 꿈을 꾸면서
–「초승」 전문

이 작품 또한 〈대금〉 시리즈 가운데 한 편이다. 역시 대금연주를 연습하면서 자신의 내면에 숨겨져 있던 갈망渴望이 어떤 것이었는지를 확인하고 자세를 가다듬는 성찰의 모습이 간명하게 그려져 있다.

첫 수에서는 대나무라는 무위의 대상과 사람이라는 유위의 대상이 만나 새로운 소리의 세상을 열어가는 과정을 형상화하고 있다. 흥미로운 대목은 중, 종장의 '붉은 입술 파르르 서녘으로 기울자/ 꺾어진 풀잎 헤치고 저문 길을 나선다'는 은유이다. 붉은 입술은 사람의 영역, 즉 현상의 세계이고 '서녘'은 흔히들 극락정토라고 하는 이상의 세계이다. 이 신묘한 만남이 있고난 후에야 소리는 얻어지고 마침내 '꺾어진 풀잎 헤치고 저문 길을 나서'는 우주의 소통을 얻게 된다. 적잖이 깊은 사유가 아닐 수 없다.

그러나 세상에는 상대적인 존재가 있는 법이어서 그

신묘한 소통의 극간에도 '희미하던 지난날이 치부를 드러내'게 되고 격한 감정에 '청공이 자지러'지기도 한다. 다시 정악대금의 극점이라고 하는 '유초신 한바탕'에 대한 갈망이 걱정과 뒤섞이는 현실과 직면한다. 하지만 '가다간 배도 띄워 허공에 묶어놓고/ 모로 누운 산허리에 발도 슬쩍 얹어'보며 '장승도 춤을 추게 할 둥근 꿈을 꾸'게 된다.

앞의 「대금」보다는 보다 더 대금 속으로 다가선 이 시편에는 그러나 상당히 세련된 언어구사로 내면적 사유를 이끌어 냄으로써 시적 성취에 이르고 있다.

3

사람이 먼 길을 나설 때는 먼저 목적지를 정해야 하고 그 다음은 자신의 건강 상태를 확인해야하고 지금의 위치와 가고자하는 길의 약도를 파악해야 한다. 목적지가 정해지고 건강상태가 확인되면 자신의 차림새를 조절해야 하는데 자신의 모습을 확인하기 위해서는 거울을 보거나 아니면 고요한 물에라도 비춰보아야 한다. 추운 겨울에는 추위를 이길만한 옷을 입어야 할 것이고 비를 가릴 우의도 준비해야 한다.

하지만 이런 일들은 시간을 두고 준비하면 되지만 마음 상태는 다르다. 마음의 저변에 깔려있는 습관이나 현상에 반응하는 감도 같은 것은 객관적 객체를 준거로 비교하고 분별하는 수밖에 없다. 마음의 상태는 물상에 반응하는 속도나 표정, 파장 같은 것으로 나타나기 때문이다. 거기에 가장 알맞은 수단으로 사람들이 많이 애용하는 방법은 역사적 현장이나 사건을 통해서 자신을 비춰보는 일이다. 왜냐하면 이미 거기엔 과거 사람들의 판단과 선택이 드러나 있는 까닭이다. 그 사실에 대해 매겨진 값과 자신의 판단을 비교할 수 있는 것이다.

별 보다 먼저 와서 먹을 가는 손이 있다
뻘 속에 갇힌 생각, 아픈 꿈을 헹구면서
이 밤도 빈 배에 올라 조바심에 목이 타는

달빛은 수면 아래 돌기둥을 세워두고
흩어진 문장들을 연잎 위에 불러 모아
한사코 미끄러지는 그리움을 다잡는다

타다 남은 무명심지 가까스로 뽑아 올려
젓지 않는 기다림을 딸꾹질로 재우다가
마침내 절명시詩 한 줄 바람결에 흩는다

—「연蓮」 전문

'-월지에서'라는 부제가 지칭하듯이 월지에서의 자기감정을 투사한 현장 시조다. 월지는 경주에 있는 통일신라시대의 궁궐터로 태자가 거처하는 동궁에 조성

된 연못으로 나라의 경사 때나 외국의 귀빈이 방문하였을 때 부속 건물과 함께 연회장으로 사용하던 곳이다. 조선시대에는 기러기와 오리가 많이 날아든다고 해서 '안압지'라고도 불렀으며 지금도 연못으로 조성되어 있다.

시인은 지금 오랜 역사적 향기가 서린 월지에 와서 곱게 피어오르는 한 송이의 연꽃의 몸이 된다. 첫수의 초장 '별보다 먼저 와서 먹을 가는 손이 있다'에서 보듯이 별이라는 자연의 질서보다 '먼저 와서 먹을 가는 손'에 의해 어둠에 젖는 인위의 힘에 주목하고 있다. 그것은 배를 띄워 노를 젓던 시간을 버려두고 빈 배로 발견된 신라의 목선이 건네는 아린 연민 때문일 것이다.

그리고 둘째 수에서는 연잎 위를 환하게 비추는 달빛 앞에서 시간을 초월한 그리움의 정한에 잠기고 셋째 수에서는 '타다 남은 무명심지 가까스로 뽑아 올'린 촛불처럼 불을 밝힌 붉은 연꽃봉오리가 마침내 읊어주는 절명시를 듣는다. 예리한 관찰력과 사색의 깊이가 절묘하게 어우러져 긴 여운과 정경을 이끌어낸 가편이다.

회오리바람 등쌀에 문패는 돌아앉고
삽살개 발자국만 소복이 쌓인 꽃밭에
어머니 장미 한 송이 문고리를 잡고 있다

천지 모를 기다림에 치맛자락 끌며 오던
검붉은 가시넝쿨 고된 길 건너오셨나
피붙이 떠나간 자리, 향기 가득 남았다

날마다 총총한 눈빛 언제나 돌아올까
막내딸 인기척에 맨발로 뛰어나와
화들짝 붉은 미소가 장지밖에 걸린다
—「빈집」 전문

「연」이 역사적 공간과의 만남이라면 「빈집」은 체험적 공간과의 만남이다. 어머니와의 추억이 쌓인, 그러나 지금은 '회오리바람 등쌀에 문패는 돌아앉고' 키우던 '삽살개 발자국만 소복이 쌓인' 빈집 들여다보기이다. 그러나 거기에는 어머니 대신 '피붙이 떠나간' 뒤 '천지 모를 기다림에 치맛자락 끌며 오던 어머니의 영상만이 향기로 남아 있었던 것이다. 금방이라도 '막내딸 인기척에 맨발로 뛰어나와/ 화들짝 붉은 미소'로 맞아줄 것 같은 환상에 마음이 시려오는 장면이다.

누구나 경험하였을 법한, 그러면서도 특별한 사연을 노정시키지 않은 이 평범한 소재에도 다시금 마음 쓸어내리게 하는 힘은 무엇일까. 그것은 어머니라는 위대한 힘 때문이다. 이미 곁을 떠나버린 어머니에 추억만으로도 가슴이 털썩 내려앉는 영원한 눈물의 테마인 까닭이다.

더욱이 이 작품에는 시적 화자 자신인 우정숙의 특별한 연기나 호소가 없다. 그럼에도 어머니의 빈자리가 된 빈집이 주는 상징성으로 인해 쉽게 책장을 덮을 수가 없다. 왜냐하면 그 자리는 머잖은 장래에 내가 남겨놓을 자리이기도 할 것이기 때문이다. 말하자면 자신의 행동에 대한 반성에다 다가올 자신의 시간에 대한 성찰이 공존하는 거룩한 접점인 것이다.

이밖에도 이번 시조집에는 어머니에 대한 시편이 여럿 보인다.

한 시절 도란도란 허기 채운 두레밥상도
다 지워진 들녘에 뿔뿔이 흩어지고
따끈한 어머니 된장국, 여린 순이 푸르다

때늦은 가을걷이 햇살 이고 늘쳐진 채
찬 서리 이불 삼아 또 한생 돌아본다
꿈꾸던 산천을 넘어 아려오는 먼 기억

담벼락 처마 밑에 옹기종기 매달려서
어머니 손길 따라 엮어가던 그 긴 겨울
야윈 몸 고개 떨구는 기다림이 웅숭깊다
–「무청」 전문

무청은 무의 잎과 줄기를 일컫는다. 소재도 제목도

'무청'이지만 여기서는 메시지는 '무청'이 불러일으키는 어머니에 대한 그리움이다. 그리고 그 그리움의 근원은 '야윈 몸 고개 떨구는 기다림'이다. 시적 화자의 경험 속에 놓여진 '무청'은 '따끈한 어머니의 된장국'을 떠올리게 하고 '늘쳐진 채/ 찬 서리 이불 삼아' 살아온 어머니의 잔상을 불러다 준다. 그리고 그 상상력의 끝에는 '담벼락 처마 밑에 옹기종기 매달려서' 말라가던 시래기와 '그 긴 겨울'을 '엮어가던' '어머니의 손길'이 하나로 포개진다. 말하자면 발상부터 존재론적 성찰을 기저에 둔 접근방식인 것이다.

이처럼 우정숙의 시작과정을 보면 소재의 단순한 문자적 재현에 머물지 않는다. 물론 자신의 감정을 해소하는 수단에만 그치지도 않는다. 반드시 세심한 관찰력과 깊고 오랜 시색이 곁들여진다. 자신의 인식체계로 사물을 읽어버리지 않고 사물의 정체성에 접근하고 자신과의 관계성에 사색과 사유를 덧입혀 새로운 물상을 내어놓는다. 이는 예술가들이 가져야할 가장 가치 있는 가치덕목이다.

그런가하면 같은 '어머니'를 소재로 한 작품이면서도 그리움이 아니라 오히려 자기반성을 노래한 작품도 있다. 자식의 경우이기 때문이다.

애타게 기다리다 품에 안은 아기 천사
민들레 홀씨처럼 후 불면 날아갈까

몰랑한 빨간 보리수 꼭 잡으면 터질까

젖 먹는 시간과 양, 1분 1㎖ 허용은 없다
조금 보채도 조금 토해도 무른 변이 잦아도
검색창 클릭해대는 엄마 된 딸, 내 사위

친정엄마 노하우, 못 다 건널 긴 강일 뿐
딸 낳은 딸을 보며 불효한 나를 본다
품 안의 자식이란 말, 뼛속 깊이 저리다
　-「인터넷 엄마」 전문

이 작품에서는 딸을 낳아 키우는 딸아이의 육아과정을 보면서 안타까워하는 모습이 역력하다. 첫 수에서 보듯이 '애타게 기다리다 품에 안은 아기'였으니 누군들 천사가 아니랴. 한데 둘째 수에서의 사정을 보면 숨이 막힌다. '젖 먹는 시간과 양, 1분 1ml 허용'도 없고 '조금 보채도 조금 토해도 무른 변이 잦아도' 인터넷 '검색창 클릭해대는 엄마 된 딸' 때문이다. 물론 컴퓨터에 저장된 최선의 정보를 활용하여 최상의 조건으로 아이를 키우고자 하는 방식이니 아니라고 말할 수도 없다.

다만 엄마로서 바라보면 깊은 모정에서 우러나오는 것이 아니라 지식에만 의존하는 것이 최선이라는 사고방식이 안타까운 것이다. 지혜를 빌려야 하는데 지식에만 의존하고 있으니 걱정이 아닐 수 없다. '타산지석他山之石'이라고 했던가. 딸아이의 모습을 보면서 안타까워하는 대신 '딸 낳은 딸을 보며 불효한' 자신을 보게 된다. 나 역시 어머니에게는 저처럼 막무가내의 고집불통이 아니었을까. 이처럼 자기반성의 계기로 받아들이는 자세가 없었다면 이 작품은 아무런 반향을 일으키지 못하였을 것이다. 진단과 처방이 잘 조화를 이룬 작품이다.

4

시작과정에 있어서 가장 우선순위는 물상에 대한 감정이입일 것이다. 사람이 사물을 대할 때 가장 우선되는 착상이 감정에서 나오는 것인 만큼 물상에게 그 감정을 이입하여 상호 눈높이의 균형을 맞춰야 그 물상의 본디 모습에 근접할 수가 있다. 여기에서 가장 먼저 만나는 물상이 시각적으로 다가오는 자연물이다. 나무며 풀이며 강과 산이 시작소재의 우선대상으로 등장하는 까닭이다. 거기서 한 걸음 더 나아가면 꽃이라던가 달빛이라던가 하는 변화가 이끌어내는 감정적 인식이 시적 소재의 중심에 놓이게 된다.

우정숙의 경우도 이러한 자연물상에 자신의 감정을 투사하고 상호 교호작용으로 소통하는 방법을 즐겨 다루고 있다.

①너도 꽃이냐며
남들이 비웃을 때

꽃이라고 우긴 적도
아니라 한 적도 없다

묻어둔
서러움 위로
해를 문 너털웃음

②배내 옷 입은 아가
꽃샘추위 온 줄 몰라

팔 다리 바둥바둥
노란 싸개 차내 놓고

오 오 오
쏙 내민 입술,
오들오들 감기 들라

작품 ①은 「호박꽃」 전문이고 작품 ②는 「산수유」 전문이다. ①의 작품에서는 자신이 호박꽃으로 치환되어 호박꽃으로서의 존재론적 의의를 대변하고 ②의 작품에서는 '배내 옷 입은 아가'로 치환된 산수유에 대한 연민을 형상화하고 있다. 견지자적 자세로 바라보는 일반적인 시각이 자칫 자기감정에 매몰될 우려가 많은 데 비해 이러한 물아 일체적 접근은 자기해법을 즉시하지 않으면 안 된다는 점에서 더 많은 사고를 이끌어낼 수가 있다.

「호박꽃」은 이번 시집의 표제를 이끌어낸 작품인 만큼 비록 짧은 시편이지만 우정숙의 하소가 내재되어 있다. 요지는 간단하다. 내 삶은 '너도 꽃이냐며/남들이 비웃을 때// 꽃이라고 우긴 적도/ 아니라고 한 적도 없'이 살아온 평범한 삶이었다. 하지만 누가 비싼 값을 매겨주거나 헐값으로 내팽개쳐도 나는 항상 내 삶의 주인공이었다. 그러기에 억울해하거나 저항하려 나서지 않았고 '묻어둔/ 서러움 위로/ 해를 문 너털웃음'을 보여줄 뿐이었다. 누가 무저항이야말로 가장 무서운 저항이라 했던가.

반면 같은 꽃에 대한 스케치이면서도 「산수유」에 투사한 숨겨진 동심童心은 천진난만 그 자체다. 산수유는 아주 이른 봄에 피는 봄의 전령사 같은 꽃이다. 그런데 '배내 옷 입은 아가/ 꽃샘추위 온 줄 몰라// 팔다리 바둥바둥/ 노란 싸개 차내 놓고' 있으니 얼마나 걱정이 크겠는가. '오들오들 감기 들라' 걱정하는 마음이 읽는 독자에게도 고스란히 전해져 온다. 여기서 자신이 견지자의 입장에 선 까닭이 읽혀진다. 앞의 「호박꽃」에서처럼 자기 스스로 대답하려는 의도가 아니라 오히려 긴박한 상황을 전달하여 읽는 이의 공감대에 호소하려는 의지가 더욱 앞섰기 때문이다. 비록 소품이지만 시조의 정형성을 잘 살려낸 가작이다.

5

그 밖에도 우정숙의 시작을 위한 현장답사는 다양하고 광범위하다. 모든 시 창작이 진실을 향한 정신적 갈구에서 비롯된다고 볼 때 자신의 철학이나 가치관이 완비되기까지는 이러한 방법적 접근이 필수적이다.

각기 다른 답사현장을 함께 따라가 보도록 하자.

새소리로 울타리 친 삽짝을 들어서면
발밑에서 일편단심 시를 쓰는 민들레
웃자란 잡풀 틈새로 노랗게 웃고 있다

한 평생 분신이던 피고름을 닦다 말고
침 묻은 몽당연필, 댓돌 위에 피는 문장
누옥의 주름진 영혼 풀꽃으로 잠이 든다

그물에도 걸리지 않는 구름언덕 넘볼 때
내 안의 한 톨 생각 그것이 길이라며
맨손의 새벽 종소리, 별을 불러 귀띔한다

―「권정생 살던 집에서」 전문

우선 이 작품을 읽기에 앞서 '권정생(1937~2007)'에 대해 알 필요가 있다. 그는 「몽실 언니」, 「강아지 똥」 등으로 잘 알려진 대표적인 아동문학가이다. 그는 일제침탈기 일본에서 가난한 노무자의 아들로 태어나 광복 후 귀국, 빈곤과 6 · 25동란 등으로 객지를 떠돌다 경북 안동에 정착하여 마을 교회 종지기로 살며 많은 어린이를 위한 글을 썼다. 신체적 결함에도 불구하고 여러 작품들을 통해 낮은 생명의 고귀함을 알렸고 전쟁의 참화를 딛고 일어서는 우리네의 삶의 모습들에 사랑의 가치를 심어주어 선풍을 일으켰다.

그 뛰어난 아동문학가가 살던 집을 찾아간 것이다. 하지만 '새소리로 울타리를 친 삽짝을 들어서면' 민들레와 웃자란 잡풀들만 무성하다. 아, 여기서 많은 사람들의 연민과 눈물샘을 자극했던 동화가 쓰이고 동시가 지어졌단 말인가. 선천성 신체결함에다 결핵까지 얻어 '한 평생 분신이던 피고름을 닦다 말고/ 침 묻은 몽당연필'로 자신보다 이 땅의 '주름진 영혼'에게 사랑을 전하였다는 말인가. 이쯤 되면 시적 화자가 세상을 향해 가졌던 불만이며 분별이며 원망들이 한갓 감정의 사치였음을 깨닫게 된다. 그리고 자신의 현주소와 처지를 다시금 재확인하게 되고 나의 길 닦기에 대한 속도와 연장을 점검하게 된다. 우선은 자신을 위하여, 다음은 독자를 위하여.

가랑비에 흠뻑 젖어 마음마저 축축한 날
안개 속에 몸을 숨긴 물소리에 귀를 열고
연꽃이 피다만 자리, 칠불암에 오른다

가빠오는 숨결 앞에 흔들리는 싸리나무
욕심을 버리듯이 꽃잎을 뜯어내어
궁금한 세상 아래로 한 잎 한 잎 던진다

허공에 발을 딛고 부처 앞에 합장하면
함부로 고개 숙인 내 손이 부끄러워
미움도 부푼 기대도 슬그머니 놓는다
　–「입추」 전문

이번에는 경주 남산에 있는 칠불암에 올랐다. '가랑비에 흠뻑 젖어 마음마저 축축'했기 때문이다. 하지만 칠불암에 오르는 길도 '안개 속에 몸을 숨긴 물소리에 귀를 열고' 연꽃에 앉은 불국토가 자신에게 손을 내미는 것이다. '가빠오는 숨결 앞에 흔들리는 싸리나무/ 욕심을 버리듯이 꽃잎을 뜯어내어/ 궁금한 세상 아래로 한 잎 한 잎 던진다'는 둘째 수의 공간설정은 가히 상상력의 백미다. 시인은 지금 세상이 혼미하여 산으로 올라가는데 오히려 싸리나무는 세상 일이 궁금하여 꽃잎을 뜯어 흐르는 물에 띄워 보내는 장면을 스크랩했으니 어찌 발상의 역설이 아니겠는가.

그리고 셋째 수에 가면 위선으로 점철된 자신의 행동들에 대한 각성과 만나게 된다. 절벽에 나투신 '부처 앞에 합장하고/ 함부로 고개 숙인 내 손이 부끄'럽기 때문이다. 자각의 실체를 나열하였을 뿐 그 어떤 설법이 없었음에도 일체화된 한 순간을 공감하게 만든다. 경계와 분별지가 없어 있는 것도 없는 것도 없는 참된 자리라면 바로 이 자리야말로 생겨나지도 않고 멸하지도 않는 절대의 진리 즉, 진공묘유眞空妙有의 경지가 아니겠는가. 부쩍 넓혀진 우정숙표 마음 길의 전모가 보인다.

6

지금까지 지은이의 편집의도와는 상관없이 시조집 『너도 꽃』을 일별해 보았다. 한 마디로 자신 앞으로 맡겨진 피사체를 향하여 치열하게 접근하는 근성이 곳곳에서 엿보였다. 비교적 느지막이 시작한 시조창작에 왜 이토록 집중하고 열정을 쏟을까 하는 의문이 생겼다. 그러나 그가 이번 시집에서 가진 다양하고 집중적인 관심으로 미루어볼 때 태생적 부지런함이 일구어 피워낸 꽃밭이라는 생각을 지울 수 없다. 도입부분에서 이미 언급하였지만 어떤 연유로 만난 창작의 매력에서 자신이 걸어온 길을 수정하였고 자신만의 길 닦기에 나서 실로 괄목할만한 성과를 거두었다고 보여진다.

시의 행간에 비춰지는 생각의 변화와 나누고 다가서야할 새로운 시공에 대한 개념정리도 일정부분 이루어진 모양새다. 말하자면 부정의 나열을 통한 카타르시스가 아니라 긍정의 씨앗을 뿌리고 가꾸는 땀의 가치가 자신의 몫이라는 것을 깨달았기 때문이다. 이렇게 방관자적인 자세에서 해결자로서의 적극적인 자세로 바뀐 데에는 자신의 삶을 보다 무한한 자유에로 견인한다는 신념이 생겨났기 때문일 것이다.

무엇보다 우정숙의 첫 시조집『너도 꽃』에는 군데군데 자신이 겪어온 삶의 교정지가 끼워져 있다. 적당한 회한과 반성에도 불구하고 덧칠이나 삭제라는 수단을 사용하지 않고 치유나 재활의 방법을 선택하였다. 그리고 새로운 목표를 세우고 열정을 다하여 자신을 담금질하였다. 연장을 개발하고 계측오차를 수정하며 자신만의 길 닦기에 전념한 것이다. 그리하여 어느덧 그가 닦은 길가에는 빛깔 고운 꽃도 보인다. 시조쓰기로 인해 삶의 가치가 어떻게 바뀔 수 있는지를 보여준 모범사례라 해도 과언이 아니다.

첫 시조집으로 가볍게 책장을 넘기기에는 율격 면에서의 완성도, 적재적소에 사용한 어휘의 정확성, 시조로서의 정형성, 주제와 메시지의 효율적인 변용 등에서의 성과가 예사롭지 않다. 어쩌면 그것은 그가 쓴 「시조」라는 다음 작품에 답이 있는지 모른다. '달 지고 날 밝도록/ 뜬눈으로 지샌 나날// 시퍼런 대숲 지나/

등뼈에 놓인 가락// 내 삶의/ 맨 앞자리에/ 공손하게 앉힙니다' 다만 이번 시조집의 발간을 계기로 '답이 없는 질문과 질문 없는 대답 사이'에서 눈 감고도 갈 수 있는 자신만의 환한 길을 찾게 되길 바랄 따름이다.